RÉPUBLIQUE FRANÇAISE.

Liberté, Égalité, Fraternité.

ASSEMBLÉE NATIONALE.

PROPOSITION

CONCERNANT

1° Les rapports de la France avec les colonies de la Martinique, de la Guadeloupe, de la Guyane et de la Réunion ;

2° Les droits de douane et de navigation relatifs à ces colonies ;

Les droits sur les sucres exotiques et indigènes,

Les droits sur les cafés et cacaos ;

3° Les primes à la pêche de la morue.

Présentée le 3 décembre 1849.

PAR MM. LEVAVASSEUR, ET DESJOBERT,

Représentants du peuple.

(Envoyée à la 5e Commission chargée de donner son avis sur la prise en considération.)

MESSIEURS,

Le régime colonial constituait à son origine un double monopole : celui de la métropole envers les colonies, et celui des colonies envers la métropole.

D'une part, la France soumettait ses colonies au monopole de son industrie, de son commerce, de sa navigation ; d'autre part, elle réservait aux produits coloniaux le privilège de son marché.

A toutes les époques, ce régime excita des récriminations de la part de la métropole contre les colonies et de la part des colonies contre la métropole : elles s'accusaient réciproquement de faire payer à des prix de monopole les produits que le contrat colonial les obligeait à prendre l'une chez l'autre. Néanmoins ce contrat avait une valeur dans le passé, lorsqu'il était complètement et loyalement exécuté des deux côtés ; mais il a successivement reçu de profondes atteintes.

Dans les colonies, des nécessités de tout genre ont amené la modification graduelle de leur régime de douanes : aujourd'hui elles peuvent prendre à l'étranger un grand nombre de produits.

Dans la métropole, le sucre indigène est apparu ; si l'on avait suivi les prescriptions rigoureuses du contrat colonial, les colonies ayant le privilège de fournir à la métropole le sucre nécessaire à sa consommation, la métropole aurait dû s'abstenir de la production du sucre indigène qui entre aujourd'hui pour plus d'un tiers dans sa consommation. Le sucre étant le seul produit important de nos colonies, on conçoit de quelle gravité a été pour elles l'intervention du sucre de betteraves.

Le contrat colonial souvent faussé n'a donc plus aujourd'hui une valeur réelle. Ses vestiges ne sont plus que des entraves pour la métropole et les colonies : l'affranchissement des esclaves a porté le dernier coup à ce contrat.

Cet affranchissement aura pour effet de diminuer la production du sucre dans une forte pro-portion ; le noir donnera moins de travail à une culture qu'il considère comme le symbole de l'esclavage : l'industrie agricole coloniale, en se transformant, reviendra en partie à la culture des vivres. Les résultats que nous présentent les Antilles anglaises se reproduiront chez nous. Voici la décroissance qu'a suivie l'exportation du sucre et du café de ces colonies, avant et depuis l'émancipation (1).

		SUCRE.	CAFÉ.
		(Millions de kilog.)	
Période d'esclavage.....	1831 à 1834....	195	10
Période d'apprentissage.	1835 à 1838....	177	7 1/2
Période de liberté.......	1839 à 1842....	123	5
Même période	1843 à 1846....	127	3 1/2

La production s'est relevée en 1847, sous l'influence d'une année remarquablement fertile, mais il reste constant, d'après la discussion qui a précédé l'acte du 4 septembre 1848 (2), que le travail a sensiblement diminué dans les colonies occidentales. Il est vrai qu'à Maurice la production a augmenté par suite de l'importation des travailleurs chinois et des coulis de l'Inde ; mais dans notre colonie de la Réunion les difficultés seront plus grandes qu'à Maurice, car les Anglais paraissent disposés à entraver l'émigration pour nos possessions. Les essais d'immigration euro-

(1) Documents sur le commerce extérieur, n° 411.

(2) A partir du 5 juillet 1854, les sucres étrangers seront admis aux mêmes droits que les sucres coloniaux, et le droit sera abaissé pour les uns et les autres à 24 fr. 60 c. par 100 kilog.

péenne dans nos Antilles promettent peu de succès. Nous devons donc nous attendre à une diminution notable dans la production coloniale. Le sucre indigène prendrait sans doute de l'accroissement, mais ce ne pourrait être qu'au détriment d'autres productions indigènes, et hors des proportions que réclament les intérêts généraux du pays.

Depuis vingt ans, on promet satisfaction à ces intérêts, et chaque année voit ajourner les améliorations promises. Aujourd'hui l'émancipation des esclaves nous impose le devoir de prendre un parti. L'Angleterre, amenée avant nous à cette nécessité, a résolu la question par l'acte du 4 septembre 1848, en admettant à sa consommation les sucres étrangers aux mêmes droits que les sucres coloniaux, et en abaissant les tarifs. En face de la même nécessité, nous proposons une solution analogue.

D'après notre projet, au 1er janvier 1854, les sucres coloniaux et étrangers seraient admis en France au droit égal de 30 fr. par 100 kil.

Ce dégrèvement a lieu vers l'époque où l'égalité des droits sur les sucres coloniaux et étrangers doit être complète en Angleterre. Il nous a paru du plus haut intérêt pour l'ensemble de nos relations commerciales à l'étranger de nous trouver sur les divers marchés du monde dans les mêmes conditions que nos concurrents et à la même époque.

La même raison nous a fait adopter le tarif de 30 fr., qui nous rapproche de celui de la nouvelle législation anglaise. Il importe à notre consommation et à nos industries de pouvoir obtenir au même prix les mêmes qualités de sucre que celles employées en Angleterre.

En proposant le droit de 30 fr., nous nous trouvons à peu près d'accord avec la plupart des chambres de commerce, qui ont souvent demandé l'abaissement du droit à 25 fr. Dès 1837 le Gouvernement avait admis le chiffre de 35 fr., et la commission de la Chambre des Députés celui de 25 fr. : nous aurions proposé ce dernier chiffre, si la situation financière du pays ne nous avait fait une loi absolue d'éviter toute chance de diminution dans les recettes du Trésor.

Le nouveau tarif anglais détermine pour les sucres un abaissement graduel jusqu'en 1854. Nous avons cru qu'il était préférable pour les combinaisons industrielles et commerciales qu'amène un semblable dégrèvement de reporter la réduction entière à une seule époque éloignée. Des diminutions successives ont pour effet de jeter de l'incertitude dans les opérations commerciales, d'ajouter de nouvelles difficultés aux transactions lointaines déjà soumises à des éventualités de tout genre, de faire peser sur le marché de vente une constante dépréciation.

Le procédé de fabrication de M. Melsens, à supposer qu'il soit couronné de succès, n'atténuerait pas les avantages de notre projet : il nous a donc semblé que les expériences auxquelles on se livre ne devaient pas nous arrêter.

La question des cafés est liée à celle des sucres : augmenter la consommation du café, c'est accroître celle du sucre. La France consomme annuellement 17 millions de kilog. de café, dont un million seulement en café de ses colonies. Les droits actuels sont de 50 et 60 fr. par 100 kilog. sur les cafés coloniaux, et de 78 à 95 fr. sur les cafés étrangers. L'abaissement du droit sur les cafés aura pour effet d'en augmenter la consommation, de diminuer la fraude qui se pratique par la frontière de terre, de faire entrer au Trésor le droit fraudé par le contrebandier, et enfin de ramener à la consommation exclusive du café ceux qui par raison d'économie emploient encore la chicorée.

Nous proposons un droit égal de 70 fr. sur les cafés coloniaux et es cafés étrangers. Toutefois pour ne pas élever actuellement les droits payés sur les cafés de nos colonies, le nouveau tarif ne leur sera applicable qu'au 1er janvier 1860.

L'usage du chocolat s'étend tous les jours, mais le prix élevé du cacao excite les fabricants à le remplacer par d'autres substances : modérer le tarif c'est diminuer la fraude ; une plus grande importation de cacao profitera au fisc et au consommateur. Nous proposons d'abaisser à 40 fr. par 100 kilog. le droit actuel de 50 fr. sur les cacaos étrangers.

Notre système n'amènera aucune diminution de recettes : néanmoins, pour éviter toute appréhension à ce sujet, nous ajournons à quatre ans sa mise à exécution ; mais nous avons pensé qu'il fallait décréter la mesure dès à présent, afin d'éviter toute secousse. Trop souvent on est saisi par l'imprévu, dominé par la nécessité du moment ; nous avons voulu avertir tous les intérêts engagés, et leur donner le temps nécessaire pour profiter de la nouvelle législation.

Notre proposition intéresse :

Les colonies,

Le consommateur,

Le Trésor,

Le sucre indigène,

La raffinerie,

L'industrie et le commerce,

La marine,

La grande pêche.

LES COLONIES.

Les colonies se plaignent depuis longtemps des entraves que la métropole met à leur prospérité par une administration dispendieuse, et le régime fiscal et commercial qu'elle leur impose. Elles ont dit, souvent avec raison, que nous étions peu capables de régler des intérêts que nous ne connaissons pas, et leurs organes officiels ont demandé pour elles plus de liberté.

Par notre projet, les colonies ont l'administration de leurs affaires intérieures, et la liberté pour leurs relations commerciales : elles règlent leurs dépenses, établissent leurs impôts, fixent leur tarif de douanes. La métropole reprend sa liberté pour ses relations commerciales : règle, suivant son intérêt seul, les droits de douane sur les produits de ses colonies. Les dépenses militaires pour la sûreté intérieure et extérieure des colonies restent à la charge de la métropole.

En un mot, l'ancien contrat colonial qui existe à peine de fait est légalement rompu. La souveraineté nationale et le lien politique sont maintenus. Tel est l'objet du premier projet de loi.

LE CONSOMMATEUR.

Le sucre et le café, d'un prix élevé jusqu'à ce jour, sont encore considérés comme des denrées de luxe dont ne peuvent jouir en général que les classes aisées. Si le prix du sucre était modéré, s'il diminuait d'un tiers, sa consommation deviendrait usuelle et toutes les classes y participeraient dans une beaucoup plus forte proportion. Le sucre est l'un des produits dont la consommation augmente le plus rapidement par un abaissement de prix. L'expérience anglaise est décisive. En 1845, la consommation s'est accrue de 38,600 barriques; en 1846 de 17,300, en 1847 de 29,400, en sorte qu'à la troisième année la consommation était augmentée de 85,000 barriques (1).

Par les modifications que nous proposons au régime fiscal et au régime colonial, le prix du sucre doit baisser de 38 fr. par 100 k., c'est-à-dire d'environ 20 cent. par demi kilog. (2).

Le consommateur sera encore plus favorisé si, comme en Angleterre et en Hollande, il se familiarise avec le sucre blanc non raffiné.

Le prix du café, par les mesures que nous proposons, doit baisser de 30 à 35 fr. par 100 kilog.

(1) Discours de Lord Russel du 16 juin 1848.

(2) Abaissement du droit par 100 k........ 15 fr. 50 c.
Différence entre le prix du sucre colonial
  et le prix du sucre étranger......... 20 »
Diminution sur le prix du raffinage...... 2 50
Opérant sur une matière moins chère et
  d'une qualité souvent supérieure, le
  raffineur éprouvera moins de déchets.
.... Par 100 kilog. 38

Nous ne doutons pas que la consommation de ces deux denrées n'éprouve par l'abaissement des prix une forte augmentation.

LE TRÉSOR.

Le sucre colonial d'Amérique et le sucre indigène paient aujourd'hui un droit égal de 45 fr. par 100 k. Le sucre de la Réunion 38 fr. 50 c., droits élevés par le décime à 49 fr. 50 c. et 42 fr. 35 c.

En 1847, année que l'on peut considérer comme ordinaire et à laquelle nous rapporterons tous nos calculs, le Trésor a perçu :

fr.		kilog.	
41,562,664	sur	87,826,082	de sucre colonial.
7,231,115	sur	9,626,068	de sucre étranger.
48,793,779	totaux....	97,452,150	
12,439,751	sont à déduire pour	12,880,389	exportés avec prime.
36,354,028	restent	84,571,761	
23,584,755	sont perçus sur	54,300,098	de sucre indigène.
59,938,783	recette pour	138,871,859	consommés.

D'après la consommation actuelle, les droits que nous proposons (33 francs sur les sucres exotiques et 27 francs 50 cent. sur les sucres indigènes, décime compris) produiraient sur

84,571,751 k.	de sucre exotique	27,908,000 f.
54,300,098	de sucre indigène	14,932,000
138,871,849		42,840,000

et constitueraient sur la recette actuelle de...................... 59,938,000

une perte de.................. 17,098,000
Cette perte est atténuée de..... 5,180,000
par la diminution de pareille somme

faisant au budget de la marine la différence entre les recettes et les dépenses intérieures des colonies (1), laissées à leur charge par le présent projet, en sorte que la diminution de recette serait de............. 12,918,000 f.

Pour couvrir cette perte du Trésor, la consommation devrait augmenter d'environ 40 millions de kilog. Mais il ne faut pas perdre de vue que le nouveau tarif n'est mis en activité qu'au 1er janvier 1854. Pendant ces quatre années, l'augmentation de consommation aura suivi son cours ordinaire et aura probablement fait un progrès de 15 millions de kilog., en sorte que lors de la mise à exécution du tarif, il ne faudrait plus obtenir, au moyen de l'abaissement du prix, qu'une augmentation de consommation de 25 millions de kilog.

Voyons quelle a été la progression de cette consommation, en France, sans abaissement des droits :

En 1817,   36 millions de kilog.
1827,   60   —
1837, 107   —
1847, 138   —

En Angleterre, depuis l'abaissement des droits et l'introduction du sucre étranger, la consommation annuelle a augmenté dans la proportion suivante (2) :

(1) Budget de 1850 : de la marine, p. 615 et 617, et des finances, p. 126.
(2) Documents sur le commerce extérieur, n° 411.

De 1840 à 1844, 200 millions de kilog.
— 1845, 249 —
— 1846, 265 —
— 1847, 294 —

Nous avons dit que notre proposition ferait baisser le prix du sucre d'environ un tiers pour les qualités communes et d'un quart (20 c. par 1/2 kilog.) pour le sucre raffiné ; il y a tout lieu de penser que, sous l'influence d'une pareille diminution de prix, l'augmentation de consommation s'élevera rapidement et dépassera les 25 millions de kilog. nécessaires pour que le Trésor n'ait aucune perte à éprouver.

Pour les cafés, les résultats seront les mêmes : on sait quelle impulsion a donné à leur consommation, en Angleterre, la diminution des droits. En France, sans diminution de droits, la consommation s'est élevée progressivement,

De   5 millions de kilog., en 1817,
à   10   —   en 1827,
à   12   —   en 1837,
à   17   —   en 1847.

Pour les cafés comme pour les sucres, l'augmentation de consommation ramènerait promptement l'équilibre dans la recette du Trésor.

Dans notre opinion, le Trésor ne doit éprouver aucune perte et à cause de l'accroissement de consommation des sucres et cafés, et à raison du mouvement que le nouveau tarif imprimera aux affaires générales du pays.

LE SUCRE INDIGÈNE.

Le sucre indigène s'est élevé à l'abri du régime

colonial ; il a recueilli les bénéfices d'une protection qui n'avait pas été créée pour lui. Dans notre
projet, il est affranchi de la concurrence du sucre
colonial, désormais assimilé au sucre étranger.
Cet affranchissement ne doit pas avoir pour effet
d'entraver les relations que nous voulons ouvrir
avec les divers pays producteurs de sucre. Cepen-
dant en accordant au sucre indigène une protection comme aux autres industries, le taux de
cette protection doit être modéré : nous proposons de la fixer à 11 p. cent.

Des prix de vente démontrent que, dans ces
conditions, le sucre indigène continuera de sub-
venir à une partie de notre consommation ; le sucre exotique prendra la place que réclame pour lui
l'intérêt du Trésor, du consommateur et de la marine.

D'après cette base, le prix du sucre étranger
rendu dans nos ports, valant en moyenne 50 fr.
les 100 kilog., le sucre indigène devra payer par
100 kilog. un impôt inférieur de 5 fr. 50 c. (décime compris), au droit payé à l'importation par
les sucres exotiques de toute provenance ; nous
nous sommes donc arrêtés au chiffre de 25 fr.
(avec le décime, 27 fr. 50 c.) pour l'impôt sur le
sucre indigène.

LA RAFFINERIE.

Notre marché étant ouvert à toutes les qualités
de sucres, nos raffineries pourront travailler avec
plus d'avantage, mais elles recevront une cer-
taine atteinte par l'introduction, à des prix mo-
dérés, de sucres bruts de qualité supérieure qui

entreront directement dans la consommation : il nous a donc semblé convenable de maintenir la prohibition des sucres raffinés.

Quant à l'exportation de ces sucres, la prime sera calculée d'après les nouveaux droits, en maintenant les bases établies par la loi du 3 juillet 1840.

INDUSTRIE ET COMMERCE.

Le régime colonial, avec les faibles possessions qui nous restent, paralyse notre commerce extérieur. Lorsque nous pourrons, à droits égaux, importer les sucres et les cafés des pays producteurs, de nouveaux débouchés s'ouvriront à notre industrie.

Aurons-nous beaucoup à souffrir de la suppression du monopole que le régime colonial avait eu l'intention de donner à nos produits ? ce commerce réservé est loin d'être aussi considérable qu'on pourrait le croire : l'exportation de nos produits dans nos colonies à sucre a été, en 1847, en valeurs actuelles :

Pour la Martinique, de .   15,420,298 fr. (1)
Pour la Guadeloupe...   14,359,379
Pour la Réunion......   7,531,614
Pour la Guyane......   2,344,840
                              39,656,131

Ce chiffre ne s'élève qu'à 5 p. 100 de l'exportation totale de nos produits qui, en valeurs ac-

(1) Tableau du commerce de la France pour 1847 : p. 62, 63, 64, 65.

tuelles, a atteint la même année 719,800,000 fr.

D'ailleurs, la liberté qu'aurait acquise la métropole d'ouvrir des relations commerciales avec d'autres contrées ne l'empêcherait pas de continuer avec les colonies la plus grande partie des relations qu'elle entretient actuellement avec elles. Les habitudes et les goûts se conservent : bien que nous ayons perdu depuis longtemps la souveraineté de Haïti et de Maurice, nos produits y sont toujours en faveur.

En résumé, à l'aide du nouveau tarif et de la suppression du régime colonial, le commerce se développera dans de larges proportions et le débouché de nos produits augmentera sensiblement. Si l'Angleterre, qui a de vastes possessions d'outre-mer, est entrée dans cette voie, nous ne pouvons rester enchaînés par le faible intérêt commercial que nous offrent nos colonies.

LA NAVIGATION.

Ce que nous venons de dire de l'exportation de nos produits s'applique à la navigation. Le sucre et le café sont les principales matières encombrantes qui peuvent alimenter notre marine. Par suite des traités de réciprocité et de la nature des choses, les États-Unis transportent presque tous les cotons, riz et tabacs consommés en France, et l'Angleterre nous apporte ses charbons. Aucun traité de réciprocité ne nous lie avec les pays producteurs de sucres et cafés. Au moyen du droit protecteur de 110 fr. par tonneau, (décime compris) résultant du projet qui vous est soumis, notre marine marchande, conserve le privilège du transport de ces produits. Elle a donc un grand accroissement de transport à espérer dans ce nouveau système. La diminution de travail dans les colonies la menace d'une ruine presque complète; notre projet est pour elle une nécessité, un moyen de salut.

Le tarif des douanes établit aujourd'hui divers droits différentiels. Les uns pèsent sur le pavillon étranger; nous les maintenons, mais à un taux uniforme. Les autres affectent le pavillon Français; nous ne les conservons que pour les importations des entrepôts d'Europe.

Notre colonie de la Réunion était plus éloignée de la métropole que nos colonies des Antilles; nous nous y réservions le droit exclusif d'achat et de transport; il était donc juste de mettre les planteurs de la Réunion à même de vendre leurs denrées au même prix que les planteurs des Antilles. Ce but était atteint par une modération de droits à l'importation en France. Cette différence compensait l'élévation du frêt. Le privilège colonial est détruit par notre système; les colons de la Réunion ont la liberté de vente et d'achat à l'étranger; le droit différentiel en ce qui concerne cette colonie, doit donc tomber avec la cause qui l'avait fait naître.

On voulut aussi encourager les expéditions lointaines, l'animer notre commerce dans l'Inde : l'on abaissa les droits sur les denrées de cette provenance dans la proportion de la longueur présumée des voyages.

Malgré cet abaissement, nos relations avec l'Inde ont pris peu de développement; en 1847, nos exportations ne se sont élevées, déduction faite de nos envois à la Réunion où existe le privilège colonial, et à Maurice qui a conservé des goûts français, qu'à 4,519,914 fr., valeurs actuelles, ainsi qu'il résulte du tableau officiel du commerce (1) dont nous croyons devoir reproduire les chiffres:

Indes Anglaises...........	2,525,946 fr.
— Hollandaises.........	810,251
— Françaises..........	424,925
Philippines...............	248,404
Chine, Cochinchine, Océanie	510,388
	4,519,214

Le but qu'on s'était proposé par l'établissement des droits différentiels, c'est-à-dire l'extension considérable de nos relations avec l'Inde, n'a donc pas été atteint, et tout en blessant les intérêts du Trésor, nous avons nui au développement de nos échanges avec l'Amérique, où des analogies d'origine, de goût et de mœurs nous appellent à trouver des débouchés d'autant plus considérables que nous pourrons plus facilement acheter les produits de ces mêmes pays. En effet, nos exportations au Brésil s'élèvent en 1847 à 17 millions 937,470 francs, à Cuba et à Porto-Rico, à 10,809,460 francs, quoique les sucres de ces pays soient frappés de droits prohibitifs. Nos exportations pour ces pays augmenteraient d'une manière notable, si leurs sucres et leurs cafés pouvaient pénétrer sur notre marché : notre marine trouverait dans ce transport un aliment nouveau et susceptible d'un accroissement progressif.

Il nous a donc semblé qu'au point de vue de l'intérêt du Trésor, de nos exportations et

(1) P. 41, 42, 43, 44, 68.

de notre marine, il n'y avait pas lieu de maintenir des droits différentiels conçus dans une pensée qui n'avait pas réussi, mise à l'épreuve assez longtemps pour qu'on puisse dire que l'expérience en a fait justice.

Nous avons conservé le droit différentiel pour les importations des entrepôts d'Europe ; autrement les denrées exotiques pourraient être achetées dans les ports des pays voisins, et après l'acquittement des droits, entrer dans notre consommation ; un port tel que celui de Londres pourrait devenir un marché presque universel où la France irait prendre sa part. Ainsi tomberait notre marine au long cours, et quelques bateaux à vapeur suffiraient à notre approvisionnement.

LA PÊCHE DE LA MORUE.

La pêche de la morue est liée en partie au régime colonial par le placement qu'elle obtient dans nos colonies d'une partie de ses produits. En 1847, nous y avons introduit 12,280,000 kil. qui ont reçu, à raison de 22 fr. les 100 kilog., une prime de . . . . 2,698,866 fr. 26 c.

3,827,000 kilog. ont été exportés à l'étranger avec primes de 12 et 14 f., pour lesquelles nous avons payé . . 476,182 52

3,175,048 78

31 millions de kil. ont été consommés en France sans prime.

La morue entrait pour une part notable dans la nourriture que les colons donnaient à leurs noirs: les noirs affranchis en consomment déjà moins ; le Gouvernement pour trouver la compensation d'un débouché prêt à nous échapper, a récemment élevé les primes d'exportation à l'étranger.

Il faut maintenir des armements qui entretiennent à la mer plus de 12,000 marins. L'affectation de 3,175,000 fr. à des primes qui favorisent le développement de notre puissance navale est justifiée par ce résultat : mais nous pensons qu'on l'obtiendrait également en attribuant au consommateur de la métropole les avantages que ces primes apportent au consommateur étranger, aujourd'hui gratifié d'une nourriture au-dessous de sa valeur.

Nous proposons de supprimer la prime d'exportation à l'étranger, et nous demandons que les 3,175,000 fr. soient affectés à des primes pour la consommation en France et aux colonies. La prime pour la morue sèche sera de 10 fr. par 100 kilog. ; la prime pour la morue verte sera réglée par un arrêté de M. le Ministre du commerce, et aura pour base la prime de 10 fr.

La population pauvre et laborieuse de la métropole profitera du bon marché ; les sacrifices imposés aux contribuables tourneront à son avantage. La morue est une ressource précieuse pour ces populations, la consommation s'en étend et pénètre surtout dans les départements du centre, où la marée fraîche n'arrive qu'avec peine. Les établissements de sécherie deviennent plus nombreux, et favorisent le développement de cette consommation ; l'abaissement du prix l'augmentera encore. Le prix actuel de la morue sèche est de 30 fr. les 100 kilog. ; la prime de 10 fr. que nous proposons réduira le prix d'un tiers et augmentera proportionnellement la consommation.

On ne doit pas craindre que cette mesure émi-
nemment utile à la population de la métropole soit
préjudiciable aux intérêts de sa marine marchande.
Il n'a été exporté à l'étranger en 1847 que 3,827,000
kilog. de morue. Les provinces centrales de l'Italie,
nous feront encore quelques achats, même sans
prime; il n'est pas probable que la consommation
de nos colonies, qui est aujourd'hui de 12 millions
de kilog., avec la prime que nous lui réservons,
perde plus de 5 millions de kilog. L'accroissement
de l'importation en France, et l'importation en
Algérie, compenseront facilement la diminution
qui pourrait exister dans nos exportations à l'é-
tranger et dans nos colonies.

Les primes accordées à l'importation en France
donneront de grandes facilités à l'armateur ; peu
de temps après l'arrivée du bâtiment, il pourra
toucher le montant des primes, c'est-à-dire le
tiers du prix principal. Pour lui c'est un avantage
considérable, surtout si l'on tient compte des
difficultés, des retards aujourd'hui inhérents à
la vente à l'étranger et à la constatation des primes.

Telles sont MM. les dispositions qui nous ont
paru devoir résoudre des questions souvent agi-
tées. Nous les avons envisagées à un point de
vue général d'intérêt public, et en dehors de pré-
tentions exclusives.

Nous pensons avoir concilié les intérêts du
Trésor avec ceux des diverses industries.

Les colonies recouvrant la liberté administra-
tive et commerciale qu'elles ont souvent réclamée
conservent les avantages du lien politique avec la
métropole.

La sucrerie indigène avec la part de protection

qui lui est maintenue conserve le marché dont elle
est en possession.

Le commerce et l'industrie peuvent entrer dans
la voie que l'Angleterre vient de s'ouvrir.

Notre marine à laquelle nous réservons un
transport exclusif pourra sortir de l'état de lan-
gueur que nous déplorons tous. Les industries
nombreuses qu'elle entretient pour la construction,
l'armement et l'approvisionnement des navires
recevront une impulsion nouvelle, et la marine
militaire se fortifiera par le développement de
notre marine marchande.

PROJET DE LOI

CONCERNANT

Les rapports de la France avec ses colonies de la Martinique, de la Guadeloupe, de la Guyane et de la Réunion,

---

Article premier.

A partir du 1ᵉʳ janvier 1854, les colonies de la Martinique, de la Guadeloupe, de la Guyane et de la Réunion, pourvoiront à toutes leurs dépenses intérieures, générales et locales, telles qu'elles sont établies au budget de la marine. Toutes fois le traitement du gouverneur de chaque colonie restera à la charge de la métropole.

Art. 2.

Des conseils coloniaux établiront les impôts de toute nature et les droits de douane et de navigation, de manière à pourvoir aux dépenses coloniales.

Les droits de douane et de navigation, les
taxes de toute nature applicables soit aux produits, soit aux navires de la métropole et de ses
possessions d'outre mer, ne pourront, dans aucun
cas, excéder les droits et taxes imposés dans chaque colonie aux pavillons des nations les plus favorisées.

Art. 3.

Le mode de nomination et les attributions des
conseils coloniaux, ainsi que les institutions ad-
ministratives et judiciaires des colonies ci-dessus
dénommées seront réglées par une loi organique
dans le cours de l'année 1852.

Art. 4.

A partir du 1er janvier 1854 la métropole pour-
voira seulement aux dépenses des forces militaires employées à la défense intérieure et extérieure des colonies.

Art. 5.

A partir du 1er janvier 1854, les privilèges ac-
cordés par la métropole aux produits de ces colonies, cesseront de plein droit.

Les droits de douane et de navigation et les
taxes de toute nature applicables soit aux produits,
soit aux navires de ces colonies ne pourront excéder les droits et taxes imposés aux pavillons des
nations les plus favorisées.

Art. 6.

Seront considérés comme navires appartenant aux colonies les bâtiments construits en France ou dans les colonies, ou ceux capturés sur l'ennemi par des armements français ou coloniaux et déclarés de bonne prise, pourvu que les propriétaires, les capitaines et les trois quarts de l'équipage soient français ou colons.

PROJET DE LOI

CONCERNANT

1° Les droits sur les sucres exotiques et indigènes ;
2° Les droits sur les cafés et les cacaos ;
3° Les droits de douane et de navigation sur les produits et les navires de la Martinique, de la Guadeloupe, de la Guyane et de la Réunion.

Article premier.

A partir du 1er janvier 1854, les sucres des colonies de la Martinique, de la Guadeloupe, de la Guyane et de la Réunion, et les sucres étrangers de toute provenance, seront à leur importation en France, soumis au tarif suivant :

		Par navires français.	Par navires étrangers et par terre.
		Par 100 kilogrammes.	
Sucre autre que blanc, quel que soit le mode de fabrication, suivant un type qui sera déterminé par un arrêté du ministre des finances.	De tous pays hors d'Europe.	30 fr. (avec le décime) 33	40 fr. (avec le décime) 44
	Des entrepôts d'Europe	40 (avec le décime) 44	

Sucre blanc, quel que soit le mode de fabrication, mais non raffiné, suivant un type qui sera déterminé par un arrêté du ministre des finances.

De tous pays hors d'Europe. 33 (avec le décime) 36 30

Des entrepôts d'Europe...... 43 (avec le décime) 47 30

43 fr. (avec le décime) 47 30

Par 100 kilogrammes

Mélasses..........

De tous pays hors d'Europe. 9 fr. (avec le décime) 9 90

Des entrepôts d'Europe...... 19 (avec le décime) 20 90

19 fr. (avec le décime) 20 90

Sirops. Le droit sur les sirops sera réglé par un arrêté du Ministre des finances d'après leur richesse saccharine et proportionnellement au droit de 30 fr. et aux taxes de navigation ci-dessus établies.

Art. 2.

A partir du 1er janvier 1854, le droit de fabrication sur les sucres indigènes sera perçu conformément au tarif ci-après :

Sucre autre que blanc quel que soit le mode de fabrication, suivant un type qui sera déterminé, par un arrêté du Ministre des fi-nances....................................

Par 100 kilog. 25 fr. (avec le décime) 27 50

Sucre blanc, quel que soit le mode
de fabrication, mais non raffiné,
suivant un type qui sera déterminé
par un arrêté du Ministre des fi-
nances . . . . **28 fr.**
(avec le décime)
30 80

Art. 3.

La prohibition des sucres étrangers raffinés éta-
blie par la loi du 28 avril 1816, est maintenue.

Art. 4.

Les primes d'exportation accordées aux sucres
raffinés, seront réglées par un arrêté du Ministre
des finances, d'après les droits ci-dessus établis
sur les sucres exotiques et les bases fixées par la
loi du 3 juillet 1840.

Art. 5.

A partir du 1er janvier 1854, les cafés de toute
provenance seront, à leur importation en France,
soumis au tarif suivant :

Par navires français.
　　De tous pays hors d'Europe.. Par 100 kilog. **70 fr.** (avec le décime) 77
　　Des entrepôts d'Europe...... **80** (avec le décime) 88

Par navires étrangers............. **80** (avec le décime) 88

Toutefois, jusqu'au 1er janvier 1860, les cafés produits par les colonies ci-dessus dénommées, seront admis aux droits suivants :

Par navires français.
- Des lieux de production .... Par 100 kilog. 50 fr. (avec le décime 55)
- Des entrepôts d'Europe...... 60 (avec le décime 66)

Par navires étrangers............. 60 (avec le décime 66)

Art. 6.

A partir du 1er janvier 1854, les fèves et pellicules de cacao de toute origine, seront à leur importation en France, soumis au tarif suivant :

Par navires français.
- De tous pays hors d'Europe.. Par 100 kilog. 40 fr. (avec le décime 44)
- Des entrepôts d'Europe...... 50 (avec le décime 55)

Par navires étrangers............. 50 (avec le décime 55)

Art. 7.

A partir du 1er janvier 1854, les produits des colonies ci-dessus dénommées, qui ne sont pas mentionnés en la présente loi, paieront, à leur entrée en France, des droits de douane égaux à ceux qui sont ou seront imposés aux produits des nations les plus favorisées.

Les navires appartenant à ces colonies, paieront, dans les ports de la Métropole et dans ceux de ses possessions d'outremer, les mêmes droits que ceux imposés aux navires des nations les plus favorisées.

PROJET DE LOI

CONCERNANT

Les primes à la pêche de la morue.

———

A partir du 1er janvier 1854, les primes pour la pêche de la morue sont réglées ainsi qu'il suit :

Article premier.

Les primes d'armement établies par la loi du 25 juin 1841, sont maintenues aux taux suivants :

1° 50 francs par homme d'équipage pour la pêche avec sècherie, soit à la côte de Terre-Neuve, soit à Saint-Pierre et Miquelon, soit sur le grand banc de Terre-Neuve ;

2° 50 francs par homme d'équipage pour la pêche sans sècherie dans les mers d'Islande ;

3° 30 francs par homme d'équipage pour la pêche sans sècherie sur le grand banc de Terre-Neuve ;

4° 15 francs par homme d'équipage pour la pêche au dogger-bank.

Art. 2.

Les primes d'exportation à l'étranger sont supprimées.

Une prime de 10 fr. par 100 k. de morue sèche, sera payée à l'importation en France, en Algérie et dans les colonies de la Martinique, de la Guadeloupe, de la Guyane et de la Réunion.

Une prime proportionnelle sera allouée pour l'importation de la morue verte : un arrêté de M. le Ministre du commerce déterminera le chiffre de cette prime.

N'auront droit à la prime que les morues de pêche française venant directement des lieux de pêche ou des entrepôts de France.

Il sera perçu pour les morues exportées à l'étranger de France, d'Algérie et des colonies ci-dessus dénommées, un droit égal à la prime payée à l'importation.